小天下

神奇樹屋小百科 17

企鵝與南極

瑪麗‧波‧奧斯本、娜塔莉‧波‧博以斯／文

薩爾‧莫多卡、吳健豐／圖

劉藍玉／譯

獻給 維吉妮亞・琪琪・柏布里奇

科學顧問：
詹姆士・J・布瑞尼 （James J. Breheny）

動物園園長暨副總裁，任職於美國紐約布朗克斯動物園。

教育顧問：
海蒂・強生 （Heidi Johnson）

地球科學與古生物學教師，任職於美國亞利桑納州比斯畢市的羅威爾初級中學。

目錄

親愛的讀者：

　　每當我們到動物園參觀，最想看的就是企鵝。我們可以觀察企鵝好幾個小時也不覺得無聊。

　　以前我們對這種動物完全不熟悉，不知道從赤道到南極都有企鵝分布。不過在這本書裡，我們把目標鎖定在南極的企鵝，牠們在冷到難以想像的環境裡奮力求生，真是令人讚嘆！

　　我們迫不及待要了解南極的一切。也許將來有一天，我們有機會踏上南極大陸，但是在那之前，我們可以先前往圖書館做研究。我們找到了很棒的書籍

和影片，然後在筆記本上做筆記。接著
我們上網查到了一些介紹企鵝的精彩網
站，並且讀了許多關於南極的資料。也
許你還不知道──南極不只是地球上最
寒冷的地方，也是最乾燥的地方！

　　雖然我們根本沒有離開蛙溪鎮，但
我們確實在企鵝居住的冰雪世界
裡玩得非常開心。
快來看看我們發
現了什麼吧！

傑克與安妮　上

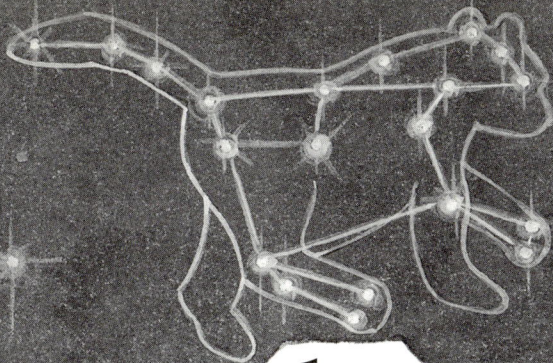

1

世界的最南端

　　南極洲的英文Antarctica源自古希臘文Antarktos，意思是：在大熊的反方向。

　　古希臘人在夜裡會觀察星星，他們發現有一組明亮的星星高掛在北方的天空，那是大熊星座，於是用古希臘文中的「熊」來命名世界最北的地方，也就是北極。

　　古希臘人認為世界上既然有北極，就一定有

南極，這樣才能維持平衡，所以用「在大熊的反方向」來稱呼世界最南的地方。

一直到了數千年以後才有人踏上南極。最早造訪南極的探險家，發現那裡是一個不可思議的冰凍世界。

冰雪之地

南極洲的面積大約是美國的1.5倍，有390個臺灣那麼大，地球的南極點就位在南極大陸的中央。

南極的山脈和谷地幾乎都覆蓋著冰雪，有些地方的冰層甚至將近 5 公里厚。

圍繞著南極大陸的海洋稱為**南冰洋**。每到冬天，南極

一般說的南極地區包括南極大陸以及周圍的海洋和島嶼。

大陸周圍的海水結冰後，南極洲的面積會變成兩倍大。地球上百分之七十的淡水都以冰的形式保存在南極。

最寒冷、風最大、最乾燥的地方

南極是地球上最寒冷的地方，氣溫通常都在攝氏零下50度。世界上有史以來最低的氣溫就是在南極測到的：將近攝氏零下90度！

暴露在這麼冷的空氣下，只要幾秒鐘，皮膚就會凍傷。

南極也是地球上風最大的地方。怒號的狂風從內陸颳向海岸，有時候風速甚至高達每小時320公里，相當於強烈颱風的威力！

因為強風會帶走空氣中的水分，南極的許多地方比撒哈拉沙漠還要乾燥，是全世界最乾燥的「白色沙漠」。

雖然南極每年的降雪量只有50毫米，但是強風經常會颳起地面上的積雪，讓人在暴風雪中幾乎看不到前方，甚至無法在風中站立。

南極的冬季，一整天都是黑夜，看不到太陽；到了夏天，太陽則是整天懸掛在天際。在這樣嚴苛的環境裡，

南極的乾谷已經超過一百萬年沒下過雪了！

南極的冰雪從來沒有完全融化過。

10

只有**無翅搖蚊**這種微小的昆蟲能夠在那裡生活一整年；在南極工作的研究人員則必須待在溫暖的建築物裡。

南極的歷史

數億年前的南極和現在很不一樣，不是獨立的大陸，而是和其他陸地連在一起，形成一個巨大的陸塊，稱為**岡瓦納大陸**。

當時的岡瓦納大陸包括現在的非洲、南極洲、澳洲、紐西蘭、南美洲和印度，從**赤道**延伸到南極點附近；各式各樣的動植物生長在這塊陸地上，繁盛的植物養活了恐龍和許多動物。

赤道是假想的大圓圈，把地球分成南、北兩個半球。從赤道到南、北兩極的距離是相等的。

11

岡瓦納大陸大約在兩億年前開始分裂成不同的陸塊和島嶼。南極大陸緩慢的往南漂移，一億多年後才抵達南極點，也就是現在的位置。

原本生存在岡瓦納大陸的動植物後來消失了。大約三千萬年前，南極開始冰凍，形成廣闊的冰雪世界。

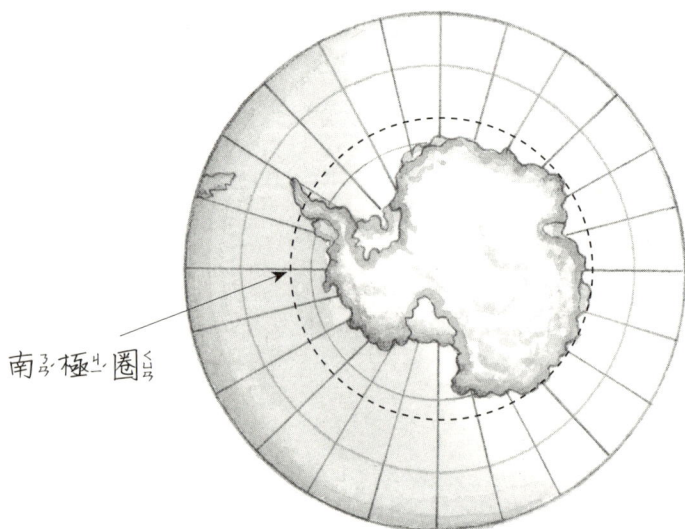

南極大陸以非常非常緩慢的速度漂移，每年移動的距離不到 2.5 公分。

南極圈

南極圈是假想的圓圈圈，圈內包含南極大陸和南冰洋。

冰山

海上的冰山

　　有時候冰塊會從高聳的冰層邊緣崩落，形成聲勢浩大的**崩解**現象。這些冰塊掉落到海面時，冰晶會爆裂，噴發到空中，看起來像是白色粉末所形成的高塔。如果崩解掉進海裡的冰塊很龐大，像一座山一樣，就會形成海上的**冰山**。

13

目前發現世界上最大的冰山之一，在海面上綿延295公里長、寬度大約37公里，比花蓮和臺東加起來的面積還大；而且冰山的大部分體積都在海面以下！

南極大陸

從岡瓦納大陸分裂出來
曾經有恐龍和植物生存
最寒冷、風最大、最乾燥
到處都是冰
涵蓋地球的南極點

南極的生物

鯨、海豹、企鵝和許多鳥類生活在南極地區的海洋和天空中。夏天時，數以萬計的企鵝聚集在一起繁殖；到

14

浮冰就是漂浮在海上的冰。

了冬天，牠們就回到浮冰和海洋中。

南極大陸幾乎與世隔絕。和北極不一樣，人類從來沒有在南極定居。離南極最近的陸地是一千公里外的南美洲。這片遼闊的陸地就這樣靜靜的冰封在世界的盡頭。

南極地區的化石

　　很久很久以前的生物遺骸或痕跡，就是化石。南極的冰層底下保存了很多動物化石，來自恐龍還漫遊在岡瓦納大陸的年代。此外，也有蕨類和其他植物的化石。

　　近年來，科學家持續在南極發現化石。十多年前在南極的維加島發現的鴨嘴龍化石，是這種恐龍化石第一次在南極出現。此外，科學家也在距離南極點不遠的地方發現了其他草食性恐龍的化石，牠們的生存年代大約在

一億九千萬年前，體重超過4公噸，身長大約6至7公尺！牠們可能是陸地上有史以來體型最大的動物。

你相信世界上曾經有180公分高的企鵝嗎？科學家也在南極發現了這種大型企鵝的化石，推測牠們大約生活在四千萬年前。

2

企鵝

　　許多年前，第一批探險家抵達南極，發現了許多從前沒見過的動物。

　　當時他們還不知道這些動物是什麼，只知道牠們大部分時間都待在海裡，有翅膀卻不會飛，反而把翅膀當作鰭，在水裡可以游得像魚一樣快；因此有些人認為牠們是一種怪魚。

猜到了嗎？ 牠們是企鵝，如假包換的鳥類！ 就像所有鳥類， 企鵝會下蛋、 身體覆滿羽毛、 嘴部有堅硬的喙。

全世界約有 17 種企鵝， 全都生活在南半球， 分布在從赤道到南極的海域。

南極的企鵝一生中大部分的時間都待在水裡， 但每年一大群企鵝聚集在繁殖地。

會有一段時間登上南極大陸或浮冰，繁殖並養育寶寶。

　　南極的企鵝會成群聚集在繁殖地，有時數量超過十萬隻，既吵雜又忙碌。牠們除了忙著整理羽毛、拍動鰭狀肢、扯開喉嚨大叫，好吸引異性注意或是捍衛領域，還會頻頻向配偶鞠躬致意，或是銜小石頭築巢。

在水中飛翔

　　企鵝的身體構造讓牠們能夠在水裡快速前進：牠們的腳上有蹼，可以用來划水；尖又硬的尾羽，能像舵一樣控制方向。當牠們游泳時，看起來就好像在水中飛翔！

有些種類的企鵝可以潛到500公
尺深，　待在水中18分鐘不用換
氣。

　跟大多數的鳥類不同，　企
鵝的骨頭比較重，　能夠長時
間潛入水中。　牠們的鰭狀肢
由扁平的骨頭組成，　這些骨
頭緊密的排列在一起，　讓鰭

狀肢可以像槳一樣划水。 游泳時， 企鵝會躍出水面再潛下去， 趁機換氣呼吸， 還可以讓想捕食企鵝的掠食者無法掌握牠們的行蹤。

企鵝躍出水面換氣的動作和海豚很像。

企鵝隨時都在覓食， 牠們吃烏賊、 魚和磷蝦； 磷蝦是一種體型很小的蝦子。 企鵝沒有牙齒， 但舌頭上布滿了長而尖的突起， 可以防止抓到的魚逃脫。

脂肪和羽毛

生活在南極的企鵝有很多禦寒方式， 光是身上厚厚的脂肪就很保暖。 企鵝的羽毛比一般鳥類多， 短而濃密的羽毛就像一件防水外套。

企鵝的尾部有小油囊，牠們會用嘴喙摩擦油囊，沾上油脂，然後塗在全身的羽毛上，羽毛就能防水了。

企鵝每年換羽一次。換羽是指舊的羽毛脫落，並且長出新的羽毛。

鳥類用嘴喙為自己或同伴整理羽毛，稱為理羽。

企鵝的背部是黑色的、腹部是白色的，就像穿著燕尾服一樣。牠們會背對太陽，用黑色羽毛吸收熱能，讓身體變暖。如果太熱了，牠們就會面向太陽，讓白色的羽毛反射熱能；此外，牠們還會把頸部的羽毛抖鬆來幫助散熱。

背黑腹白的羽毛也有保護作用。當掠食者透過水面往下看，企鵝的背部和海面都是深色的；如果掠食者在企鵝下方，牠們腹部的白色羽毛又和透光的海水很接近，難以區分。這樣看來，企鵝的黑白羽毛比人類的燕尾服有用多了！

企鵝覺得太熱的時候也會喘氣，就像狗那樣！

25

搖擺專家

想像一下，企鵝可以跳得比你的身高還高呢！

企鵝能從水中一躍而出，跳到冰上或岩石上，有些企鵝甚至可以跳到 2 公尺高。

但是如果看到企鵝在陸地上行走，大家都會哈哈

大笑。企鵝走路時，似乎很難維持身體筆直，走一走還會用跳的。牠們時常排成一列隊伍，左右搖擺的前進。遇到下坡時，企鵝會趴在地上，用腹部滑行。

科學家發現，企鵝其實非常擅長走路。左搖右擺的走路方式不會耗費太多能量，帝王企鵝甚至能在風雪中行走240公里，從遙遠的海邊回到繁殖地，真是搖擺專家！

掠食者

早期到南極探險的人會為了取得肉或是油脂而宰殺企鵝，現在已經沒有人這樣做了。但企鵝還是要面對其他掠食者的威脅。在比較溫暖的海域，鯊魚會吃企鵝；在南極地區，虎鯨和豹斑海豹都會獵食企鵝。

豹斑海豹是企鵝的頭號殺手，一天最多能吃下15隻企

鵝！ 豹斑海豹是唯一會吃企鵝的海豹， 牠們會從浮冰間發動突襲， 捉住運氣不好的企鵝。 海豹游泳速度很快， 但企鵝更敏捷， 有時候可以逃過一劫。

海燕是大型的鳥類， 經常吃企鵝蛋和企鵝寶寶。

企鵝雖然怕豹斑海豹，卻不太怕人。如果有人靠近繁殖地，企鵝通常會好奇的圍過去。由於從前有人危害企鵝，現在法令已經禁止觸摸企鵝。千萬不要以為去南極就可以抱企鵝玩！

安妮，不可以摸企鵝！

幾種南極的企鵝：
阿德利企鵝

　　阿德利企鵝是南極最普遍的企鵝，體型很小，體重大約只有 5 公斤。跟其他種類的企鵝一樣，母企鵝每年生兩顆蛋。

阿德利企鵝

南極企鵝

　　南極企鵝的臉頰下方有一道黑色條紋，也叫做頰帶企鵝或帽帶企鵝。牠們會用石頭堆出圓形的巢，並且努力保護巢中的蛋。

南極企鵝

巴ㄅㄚ布ㄅㄨˋ亞ㄧㄚˋ企ㄑㄧˋ鵝ㄜˊ

巴ㄅㄚ布ㄅㄨˋ亞ㄧㄚˋ企ㄑㄧˋ鵝ㄜˊ

　　巴ㄅㄚ布ㄅㄨˋ亞ㄧㄚˋ企ㄑㄧˋ鵝ㄜˊ有ㄧㄡˇ鮮ㄒㄧㄢ亮ㄌㄧㄤˋ的ㄉㄜ˙橘ㄐㄩˊ色ㄙㄜˋ嘴ㄗㄨㄟˇ喙ㄏㄨㄟˋ，頭ㄊㄡˊ上ㄕㄤˋ有ㄧㄡˇ塊ㄎㄨㄞˋ白ㄅㄞˊ斑ㄅㄢ，會ㄏㄨㄟˋ用ㄩㄥˋ石ㄕˊ頭ㄊㄡˊ築ㄓㄨˊ巢ㄔㄠˊ，並ㄅㄧㄥˋ小ㄒㄧㄠˇ心ㄒㄧㄣ的ㄉㄜ˙守ㄕㄡˇ護ㄏㄨˋ，有ㄧㄡˇ時ㄕˊ候ㄏㄡˋ會ㄏㄨㄟˋ去ㄑㄩˋ偷ㄊㄡ鄰ㄌㄧㄣˊ居ㄐㄩ的ㄉㄜ˙石ㄕˊ頭ㄊㄡˊ來ㄌㄞˊ築ㄓㄨˊ自ㄗˋ己ㄐㄧˇ的ㄉㄜ˙巢ㄔㄠˊ。

33

長冠企鵝

　　長冠企鵝的頭頂有一簇金
色的羽毛， 很像十八世紀時
英國男子流行的時髦打扮：
在帽子上別上羽毛！

長冠企鵝

帝ㄉㄧˋ王ㄨㄤˊ企ㄑㄧˇ鵝ㄜˊ

帝ㄉㄧˋ王ㄨㄤˊ企ㄑㄧˇ鵝ㄜˊ

　　帝ㄉㄧˋ王ㄨㄤˊ企ㄑㄧˇ鵝ㄜˊ是ㄕˋ體ㄊㄧˇ型ㄒㄧㄥˊ最ㄗㄨㄟˋ大ㄉㄚˋ的ㄉㄜ企ㄑㄧˇ
鵝ㄜˊ，身ㄕㄣ高ㄍㄠ可ㄎㄜˇ達ㄉㄚˊ120公ㄍㄨㄥ分ㄈㄣ，和ㄏㄜˊ二ㄦˋ
年ㄋㄧㄢˊ級ㄐㄧˊ的ㄉㄜ小ㄒㄧㄠˇ學ㄒㄩㄝˊ生ㄕㄥ差ㄔㄚ不ㄅㄨˋ多ㄉㄨㄛ！跟ㄍㄣ大ㄉㄚˋ
多ㄉㄨㄛ數ㄕㄨˋ的ㄉㄜ企ㄑㄧˇ鵝ㄜˊ不ㄅㄨˋ同ㄊㄨㄥˊ，母ㄇㄨˇ帝ㄉㄧˋ王ㄨㄤˊ企ㄑㄧˇ
鵝ㄜˊ一ㄧˋ次ㄘˋ只ㄓˇ生ㄕㄥ一ㄧˋ顆ㄎㄜ蛋ㄉㄢˋ。

3

帝王企鵝的生活

　　帝王企鵝因為外表很有皇家氣質而得名。牠們不但體型高大，頸部還有黃色的羽毛，再加上黑白分明的「禮服」，看起來就好像盛裝打扮的皇室貴族。公企鵝和母企鵝的外表都一樣。

　　南極的夏天是從十月到隔年二月，企鵝都在夏季交配繁殖、養育寶寶，

但是帝王企鵝在四、五月才繁殖，這時的南極開始進入冬季，是一年當中最艱難的季節。

回到繁殖地

研究人員在南極發現將近五十個企鵝繁殖地，大多位於堅硬的海冰上。大型的繁殖地會有超過十萬隻企鵝聚在一起求偶、交配，小型的繁殖地只有兩百隻左右。

每年一到繁殖的季節，帝王企鵝就會回到原本的繁殖地，有時必須冒著暴風雪在嚴寒中前進，長途跋涉超過一百公里。公企鵝通常會先抵達，母企鵝到來後，忙碌

帝王企鵝約四到八歲時開始繁殖。

38

的繁殖季就開始了。

尋找伴侶

　　公企鵝會試著找到去年冬天交配的母企鵝。想在成千上萬的企鵝中找到另一半，真不是件容易的事！

　　公企鵝除了發出獨特的叫聲呼喚母企鵝靠近，還會上下擺動頭部向母企鵝求愛。

　　公企鵝如果無法找到去年

的伴侶，就會尋找新對象。

在交配過後大約 65 天，也就是六、七月時，母企鵝會產下一顆蛋，並小心的把蛋交給公企鵝。

公企鵝必須負責孵蛋，母企鵝則長途跋涉前往海裡覓食。在企鵝寶寶差不多要從蛋裡孵化出來時，母企鵝就會回到繁殖地。

企鵝蛋需要大約 8 個星期孵化，在這段期間，公企鵝會在繁殖地守候，直到母企鵝回來。

保護企鵝蛋

公企鵝一接到蛋，就會迅速把蛋放到腳上，並且用腹

帝王企鵝不築巢。

一顆蛋大約450公克重。

40

部下方一小塊裸露而沒有羽毛的皮膚蓋住蛋。蛋被皺皺的肚皮覆蓋著，既安全又溫暖，可以維持在大約攝氏37

公企鵝用肚皮緊貼著蛋，小心翼翼的保護，避免蛋破掉或凍壞。

度，　跟人的體溫差不多。

擠在一起取暖

　　隨著南極進入一片漆黑的漫長寒冬，　公帝王企鵝成群守護著蛋。

　　寒風愈來愈強，　氣溫也愈來愈低，　孵蛋的公企鵝會圍成大圓圈，　擠在一起取暖。牠們會更換位置，　輪流從中

帝王企鵝為了取暖和抵禦寒風，會縮著脖子擠成一團。

間移到最外圍擋風。 移動的時候， 牠們必須注意讓蛋保持在腳上並用肚皮蓋住， 否則蛋會凍壞。

孵蛋時， 公企鵝通常不會發出聲音， 四周只聽得到寒風的呼嘯和冰裂開的聲音。

母企鵝忙著在海裡吃東西的時候， 公企鵝不吃不喝， 只靠身體儲存的脂肪提供能量活下去。 經過一個冬季， 公企鵝的體重會減少百分之四十。 為了減少能量消耗， 牠們大部分時間都在睡覺。 企鵝站著也能睡喔！

有的公企鵝有時候沒把蛋照顧好， 研究人員經常在繁殖地發現掉在地上的蛋。

企鵝有時候整天都在睡覺， 不分晝夜。

企鵝媽媽回來了！

八月時，母企鵝回到繁殖地，蛋也差不多要孵化了。如果蛋在母企鵝回來之前就孵化，公企鵝會從**食道**分泌特別的乳狀物質餵寶寶吃；如果蛋還沒孵化，公企鵝會小心的把蛋傳給母企鵝。

接著，輪到公企鵝去海裡覓食了。這段路程很辛苦，因為牠們已經 4 個月沒吃東西了，又餓又虛弱的公企鵝有時必須走好幾天才能抵達海邊。不過很神奇的，牠們大多數都能平安到達。

6 個星期之後，公企鵝會回到繁殖地，和母企鵝輪流照顧企鵝寶寶和外出覓食。

成年的企鵝在育雛時，會在繁殖地與覓食的海洋之間，往返約 6 次。

44

養育企鵝寶寶

　　企鵝寶寶孵化時，只有大約 15 公分高，牠們的羽毛和成年企鵝不同，是毛茸茸的灰色絨羽。

　　企鵝寶寶一出生就飢腸轆

剛孵出的企鵝寶寶

轆，母企鵝會吐出儲存在胃裡的食物，直接灌入企鵝寶寶的喉嚨。

出生後 7 個星期內，企鵝寶寶需要爸媽寸步不離的照顧，萬一落單了，牠們可能兩分鐘內就會凍死。

企鵝的托兒所

剛出生的企鵝寶寶成長得很慢，但是等到牠們 7 個星期大，企鵝寶寶就會聚在一起，擠成一團互相取暖，形成所謂的企鵝托兒所。

現在，企鵝爸媽可以一起前往海洋覓食了。從海裡回來時，牠們會用獨特的叫聲呼喚，飢餓的企鵝寶寶就會

英文中，企鵝托兒所這個名詞是借用法文的「嬰兒床」。

搖搖晃晃的走過去。企鵝寶寶也常常向其他成年企鵝要東西吃，但企鵝爸媽只餵食自己的寶寶。

危機四伏

企鵝寶寶時時刻刻面臨生命的威脅，大約只有一半能夠活到成年。除了在冰天雪地中餓死，海燕和**賊鷗**等海鳥也會把虛弱或落單的企鵝寶寶捉去吃。當小企鵝成長到可以下水，牠們還要面對海豹和虎鯨的獵捕。

帝王企鵝大約可以活到20歲。

前往海洋

十月到十一月是南極夏天的開始，企鵝寶寶長大了，

海冰也融化了， 這代表回到
海洋的路程縮短了。

　　夏天結束前， 小企鵝身上
的絨羽會漸漸替換為成年的
羽毛， 該是隨著爸媽離開繁

殖地，一起前往海洋的時候了。抵達之後，牠們就得學會自力更生！

　　成群的小企鵝準備初次下水，跳入海中。

動物園裡的企鵝

　　看企鵝不一定要去南極，許多動物園和水族館都看得到， 臺北市立動物園和國立海洋生物博物館也有企鵝。

　　不過， 可以看到帝王企鵝的地方並不多， 因為牠們需要非常寒冷的環境。 美國的聖地牙哥海洋公園飼養了三十多隻帝王企鵝， 空調設備每天都要製造好多雪。 遊客必須隔著厚厚的玻璃參觀，才不會受凍。

　　管理員發現園裡的企鵝很調皮， 有些企鵝會用嘴喙拆

管理員的鞋帶，有些還會從
管理員的身後偷襲，咬管理
員的膝蓋。

美國蒙特雷灣水族館
裡的黑腳企鵝。

4

南極的動物

　　鯨、海豹和鳥類會在南極
的海域覓食，但只有帝王企
鵝和威德爾海豹整年都待在
南極，其他動物到了冬季，
就會前往比較溫暖的海域。

　　南極就算到了夏天還是很
冷，所以在南極地區活動的
動物身上都有一層厚厚的脂
肪，可以用來保暖。

53

動物體型愈大，能儲存的熱量就愈多，所以南極的鳥類多半體型都比溫暖地區的鳥類大。較大的體型、防水的羽毛，還有額外的脂肪，都讓牠們能夠抵禦寒冷。

有些南極的海洋生物和昆蟲，血液中含有特殊的化學物質，可以避免身體在低溫中結凍。

海豹遍布全世界，大約一半住在南極地區。生活在南極的海豹共有 6 種，牠們只有在交配和養育寶寶時，才會到陸地上，其餘時間幾乎都在海裡捕食磷蝦、蝦類和魚。冬天時，威德爾海豹會待在海冰下方，為了呼吸，

牠們會用尖利的牙齒在冰上鑿出換氣孔。

有些海豹能潛水超過600公尺深，還能在水下待超過30

海豹和海狗一樣，都是鰭腳類動物，具有魚鰭狀的腳（這是海狗的照片）。

分鐘！潛水前，海豹會先深呼吸，在血液中儲存大量的氧氣，然後將鼻孔緊閉。

鯨是世界上最大的哺乳動物，哺乳動物就是會分泌乳汁哺育寶寶的動物。

南極地區的鯨有十多種。當牠們待在南極時，會拚命進食；等到冬天來臨，就離開南極，前往比較溫暖的海域養育幼鯨。牠們離開南極後，就不再進食，直到隔年

幼鯨就是鯨寶寶。

虎鯨屬於海豚類，俗稱殺人鯨。

春天返回南極為止。

春天時，鳥類會擠滿南極的天空，數不清的海鳥回到這片富饒的海域覓食，然後在夏天交配、繁殖。

接著，冬天的腳步又慢慢接近，鳥兒就飛離南極，有些候鳥會一路往北飛，飛到地球的另一端——北極！

穿上厚厚的大衣，一起去認識南極的動物吧！

漂泊信天翁

漂泊信天翁的翅膀展開，從左到右超過 3 公尺，是鳥類當中最長的。牠們一生幾乎都在天空飛翔，甚至在漆黑的夜晚也能邊飛邊睡！

漂泊信天翁經常連飛好幾個月都沒有著陸，只停在海面上休息。牠們能靠氣流滑翔上千公里，幾乎不用拍動翅膀。當牠們龐大的身影從空中俯衝而下，獵食海中的魚和烏賊，場面非常壯觀！

漂泊信天翁的壽命超過 30 年，終身維持固定的一夫一妻關係。

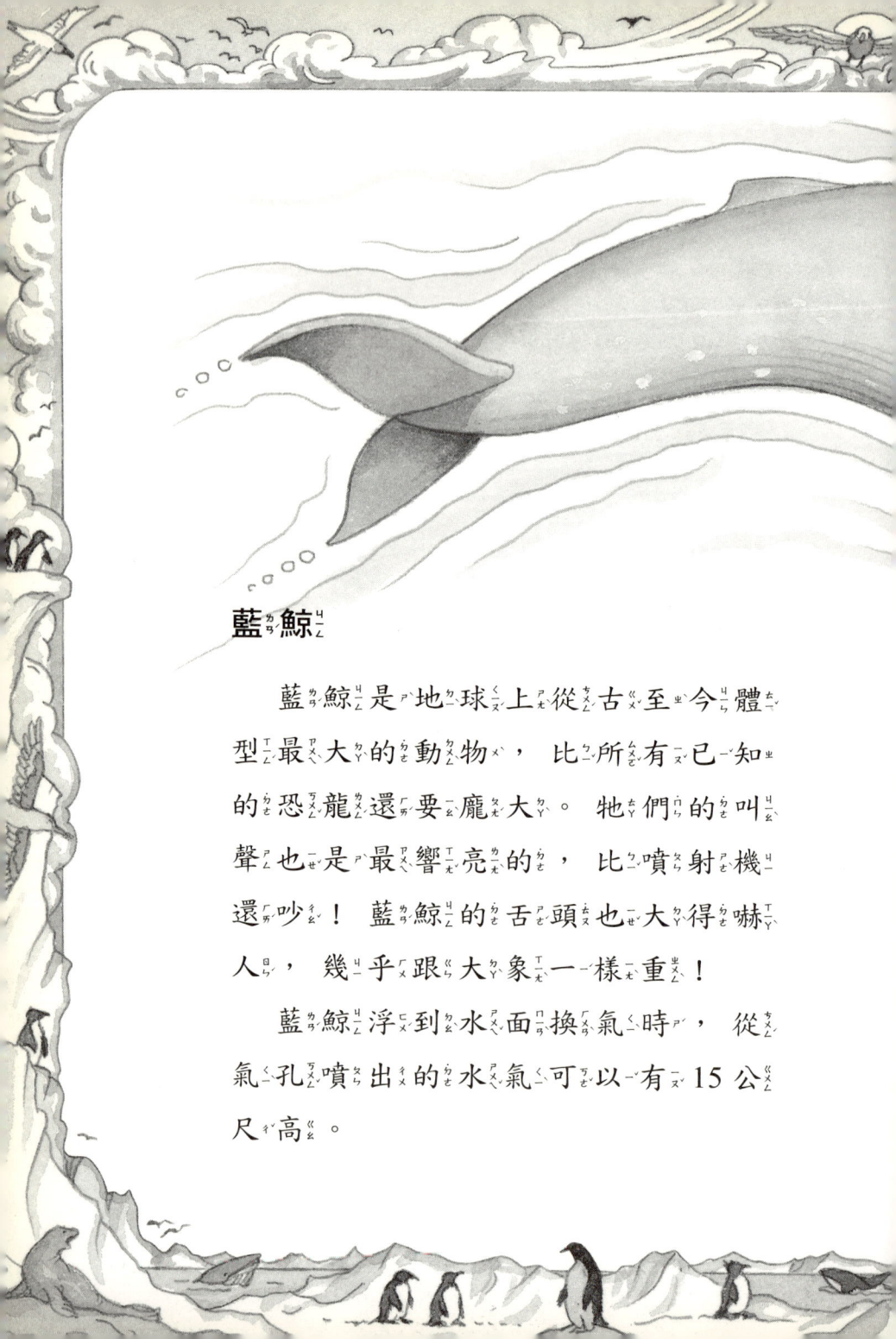

藍鯨

　　藍鯨是地球上從古至今體型最大的動物，比所有已知的恐龍還要龐大。牠們的叫聲也是最響亮的，比噴射機還吵！藍鯨的舌頭也大得嚇人，幾乎跟大象一樣重！

　　藍鯨浮到水面換氣時，從氣孔噴出的水氣可以有15公尺高。

雖然體型非常巨大，藍鯨往往被稱為「溫柔的巨人」，因為牠們主要的食物是磷蝦，對人類沒有威脅。幾隻藍鯨會聚在一起生活，形成**鯨群**。

藍鯨很長壽，大約能活到80歲，甚至超過100歲。

豹斑海豹

豹斑海豹的名字來自於身上的斑點。牠們體型瘦長，母海豹體長大約3.5公尺，公海豹大約 3 公尺。

豹斑海豹的上下顎十分巨大。跟其他海豹不同，牠們還有銳利的犬齒。牠們的嘴巴可以張得很開，方便快速咬住獵物。

豹斑海豹是非常凶猛的獵人，幾乎所有抓得到的動物都吃，包括企鵝、魚類、磷蝦、烏賊，還有其他海豹。牠們會躲在海冰下方的陰影中，一發現企鵝，就發動突襲，衝出去捕捉。虎鯨是牠們唯一的敵人。

賊鷗

　　賊鷗是海鷗的親戚，屬於大型鳥類，翅膀展開有120公分長。牠們曾經出現在南極點，是所有鳥類當中飛到最南方的。

　　賊鷗是凶猛的掠食者，會在空中攻擊其他鳥類，迫使牠們丟下抓到的獵物。賊鷗會突襲企鵝繁殖地裡的企鵝寶寶和蛋，也會吃被海水沖上岸的動物屍體。

　　賊鷗會護巢，迎頭痛擊想接近鳥巢的入侵者，所以研究人員必須小心避開賊鷗的攻擊。牠們尖銳的嘴喙和張得大大的利爪十分具有殺傷力，讓賊鷗什麼都不怕！

磷蝦

　　磷蝦是南極地區最重要的動物，牠們只有 5 公分長，看起來就像是粉紅色的小蝦米，是魚類、鯨類、海豹、鳥類、烏賊等動物不可或缺的食物。

　　磷蝦屬於浮游動物，在海中隨波逐流。牠們吃非常微

小的浮游植物，有時還可以連續 7 個月不吃東西。

磷蝦會成群聚集、漂浮在海面上，數量十分龐大，兩百萬公噸的磷蝦可以覆蓋一大片海域，把海面染成粉紅色。如果把地球上所有的磷蝦加起來，重量會比世界上所有人的體重總和還要重！

5

著名的南極探險家

很久以前，南極是個無法確定是否真實存在的地方。因為從前的船都不夠堅固，無法通過南極外圍的浮冰。

直到十八世紀末期，有位著名的探險家幾乎到達南極海域，才間接證實了：地球的南端真的有陸地存在！

庫克船長（1728 － 1779）

詹姆斯・庫克船長是偉大的英國探險家，發現了當時西方人都還不知道的地區。他探索過太平洋、北極和南極海域，並且繪製許多海岸地圖，也對地球和星辰的運行有研究。

長久以來，水手在海上航行時會利用星星來導引方向。

庫克船長搭乘的船隻

庫克船長搭乘的是平底的帆船，能裝載很多貨物，而

庫克船長指揮奮進號，在南極周圍航行。

且非常堅固，他曾經自豪的說：沒有海洋能傷害它們！

跟隨庫克船長的船員大約有一百位，他們經常要和強烈的狂風、疾病以及部落土著奮戰。

庫克船長與壞血病

長久以來，水手飽受可怕的壞血病傷害，不僅牙齦會流血，牙齒甚至會脫落。患病的水手會變得很虛弱而無

71

法工作，有些甚至會死亡。

庫克船長注意到，如果提供船員水果和蔬菜，就能保持健康。他因此規定所有船員都要吃很多檸檬和醃包心菜，果然就沒有人罹病了。

蔬菜和水果含有豐富的維生素 C。維生素 C 對人體的作用大約能夠維持 6 星期，如果長期缺乏維生素 C，就可能罹患壞血病。

接近南極

庫克船長曾在南極大陸周圍航行，但因為海上浮冰太多，阻擋船隻前進，所以沒有機會發現陸地。不過，庫克船長還是注意到冰山裡有

我們現在知道，吃水果和蔬菜能預防壞血病。

史ㄕ考ㄎ特ㄊ在ㄗㄞ他ㄊ搭ㄉ建ㄐ的ㄉ南ㄋ極ㄐ小ㄒ
屋ㄨ中ㄓㄨ寫ㄒ日ㄖ記ㄐ。

一ㄧ些ㄒ岩ㄧ塊ㄎ，因ㄧ此ㄘ猜ㄘ測ㄘ陸ㄌ地ㄉ就ㄐ
在ㄗㄞ附ㄈ近ㄐ。直ㄓ到ㄉ西ㄒ元ㄩ 1821 年ㄋ，
才ㄘ有ㄧ一ㄧ支ㄓ英ㄧ國ㄍ探ㄊ險ㄒ隊ㄉ真ㄓ正ㄓ踏ㄊ
上ㄕ南ㄋ極ㄐ大ㄉ陸ㄌ。

史ㄕ考ㄎ特ㄊ（1868 － 1912）

1901 年ㄋ，另ㄌ一ㄧ位ㄨ英ㄧ國ㄍ探ㄊ險ㄒ
家ㄐ羅ㄌ伯ㄅ·史ㄕ考ㄎ特ㄊ，在ㄗㄞ南ㄋ極ㄐ大ㄉ
陸ㄌ附ㄈ近ㄐ的ㄉ羅ㄌ斯ㄙ島ㄉ登ㄉ陸ㄌ。他ㄊ和ㄏ
探ㄊ險ㄒ隊ㄉ探ㄊ索ㄙ了ㄌ羅ㄌ斯ㄙ海ㄏ域ㄩ，然ㄖ
後ㄏ在ㄗㄞ羅ㄌ斯ㄙ島ㄉ度ㄉ過ㄍ冬ㄉ天ㄊ。

2007 年ㄋ，有ㄧ
人ㄖ在ㄗㄞ羅ㄌ斯ㄙ海ㄏ
域ㄩ發ㄈ現ㄒ一ㄧ隻ㄓ
罕ㄏ見ㄐ的ㄉ大ㄉ王ㄨ
酸ㄙ漿ㄐ魷ㄧ。

他們想要登上南極大陸，但是很多隊員生病了，史考特只好先讓病患以及一些隊員返航回家。史考特繼續留在南極探險。當他回到英國時，受到英雄式的歡迎。

史考特是第一位搭乘氫氣球升到南極上空的人。

1910年，史考特再度前往南極，目標是要抵達從來沒有人到過的南極點。

史考特設置好營地，準備展開探險之旅。同時，另一位探險家羅德・阿蒙森，也計劃前往南極點。

阿蒙森（1872 － 1928）

阿蒙森在挪威出生，從小就夢想到南北極探險。為了訓練自己適應嚴寒的氣候，據說阿蒙森小時候睡覺從不關窗戶，即使是最寒冷的天氣也一樣。長大後，他成功探索了北極地區。1910年，他決心要踏上南極點。

阿蒙森知道史考特也計劃

阿ㄚ蒙ㄇㄥˊ森ㄙㄣ和ㄏㄜˊ他ㄊㄚ的ㄉㄜ˙雪ㄒㄩㄝˇ橇ㄑㄧㄠ犬ㄑㄩㄢˇ隊ㄉㄨㄟˋ。

到ㄉㄠˋ南ㄋㄢˊ極ㄐㄧˊ點ㄉㄧㄢˇ探ㄊㄢˋ險ㄒㄧㄢˇ，　於ㄩˊ是ㄕˋ決ㄐㄩㄝˊ定ㄉㄧㄥˋ要ㄧㄠˋ搶ㄑㄧㄤˇ先ㄒㄧㄢ一ㄧ步ㄅㄨˋ抵ㄉㄧˇ達ㄉㄚˊ，　致ㄓˋ命ㄇㄧㄥˋ的ㄉㄜ˙競ㄐㄧㄥˋ賽ㄙㄞˋ就ㄐㄧㄡˋ此ㄘˇ展ㄓㄢˇ開ㄎㄞ！

通ㄊㄨㄥ往ㄨㄤˇ死ㄙˇ亡ㄨㄤˊ的ㄉㄜ˙比ㄅㄧˇ賽ㄙㄞˋ

史ㄕˇ考ㄎㄠˇ特ㄊㄜˋ比ㄅㄧˇ阿ㄚ蒙ㄇㄥˊ森ㄙㄣ晚ㄨㄢˇ了ㄌㄜ˙11天ㄊㄧㄢ出ㄔㄨ發ㄈㄚ。　他ㄊㄚ打ㄉㄚˇ算ㄙㄨㄢˋ用ㄩㄥˋ小ㄒㄧㄠˇ型ㄒㄧㄥˊ馬ㄇㄚˇ、　幾ㄐㄧˇ隊ㄉㄨㄟˋ雪ㄒㄩㄝˇ橇ㄑㄧㄠ犬ㄑㄩㄢˇ，　以ㄧˇ及ㄐㄧˊ汽ㄑㄧˋ油ㄧㄡˊ驅ㄑㄩ動ㄉㄨㄥˋ的ㄉㄜ˙機ㄐㄧ動ㄉㄨㄥˋ雪ㄒㄩㄝˇ橇ㄑㄧㄠ來ㄌㄞˊ完ㄨㄢˊ成ㄔㄥˊ這ㄓㄜˋ趟ㄊㄤˋ探ㄊㄢˋ險ㄒㄧㄢˇ。

阿ㄚ蒙ㄇㄥˊ森ㄙㄣ因ㄧㄣ為ㄨㄟˋ從ㄘㄨㄥˊ先ㄒㄧㄢ前ㄑㄧㄢˊ的ㄉㄜ˙北ㄅㄟˇ極ㄐㄧˊ探ㄊㄢˋ險ㄒㄧㄢˇ中ㄓㄨㄥ，　見ㄐㄧㄢˋ識ㄕˋ到ㄉㄠˋ狗ㄍㄡˇ有ㄧㄡˇ多ㄉㄨㄛ麼ㄇㄜ˙耐ㄋㄞˋ

寒，所以在規劃這次的裝備時，就決定挑選最強壯的雪橇犬，完全依靠牠們來拉動雪橇。

史考特一出發就遇到暴風雪，只能待在帳篷裡。小型馬在途中陸續死亡，機動雪橇也故障了。因為食物和燃料不斷消耗，史考特只好讓雪橇犬和一些隊員先返回營地，他和另外4位隊員拉著沉重的雪橇繼續前進。

史考特和探險隊員拉著雪橇朝南極點前進。

史考特終於抵達南極點，眼前的景象卻讓他很震驚：雪地上竟飄揚著一面挪威國旗！原來阿蒙森在一個月前就抵達南極點，並且插上國旗象徵他們的勝利。

又冷又餓再加上罹患壞血病，史考特和隊員在回程的路上陸續死亡。8個月後，

史考特看到插在南極點的挪威國旗。

搜救人員才找到凍死在睡袋中的史考特和隊員，他們的帳篷距離糧食補給站只有18公里。

阿蒙森為什麼會贏？

阿蒙森能夠領先史考特有幾個原因。第一，阿蒙森信任訓練有素的雪橇犬，史考特和隊員後來用人力來拉雪橇，浪費了太多體力。

其次，阿蒙森的探險隊帶了很多維生素C，還有很多新鮮的海豹肉，裡頭也含有維生素C；史考特的探險隊只帶了許多沒有維生素C的罐頭食品。

結果，史考特的探險隊從

史考特回程時帶了15公斤重的岩石樣本，打算提供科學家研究。

79

南極點折返時，不但筋疲力盡還罹患壞血病，而阿蒙森的隊員在回程時還胖了呢！

此外，阿蒙森和隊員穿的是好幾層毛皮大衣，又輕又暖，也能保持乾燥。史考特的探險隊員大多穿棉衣和毛衣，很容易吸收水氣，變得又溼又重。

更不幸的是，史考特的隊伍不但糧食不足，燃料桶後來還破掉。阿蒙森選擇比較短的路線前往南極點，一路上都有足夠的存糧和燃料。

阿蒙森在南極的探險競賽中贏得勝利並活了下來，但是幾年之後，他為了搜救在海上失蹤的朋友，搭乘飛機

阿蒙森選的路線比史考特少了將近100公里。

時遇到空難。 阿蒙森的遺體
至今始終沒有找到。

沙克頓的驚險之旅

歐內斯特‧ 沙克頓曾經在
1901年和史考特一起前往南
極探險， 因為生病先返回英
國。 之後他又去了南極好幾
次， 曾到過距離南極點只有
大約150公里的地方， 但因為
補給不足而折返。

照片中最左邊的是沙克頓，
他和探險隊員站在浮冰上。

1914年， 沙克頓展開橫越南極大陸 3200 公里的偉大探險計畫。 他帶了 27 位隊員，包括攝影師賀里， 賀里在途中拍攝了很多精采的照片。

沙克頓的探險船堅忍號被困在海冰中。

陷入困境

　　沙克頓的探險隊抵達南極大陸邊緣的威德爾海時，氣溫突然下降，海冰在船的四周凍結成堅硬的冰層，將他們困住。

　　探險隊在船上受困了 9 個月後，有一天船身開始嘎吱作

探險隊員從堅忍號撤了三艘救生艇出來，在冰上拖著救生艇前進。

響，沙克頓船長大喊：「船撐不住了，大家棄船逃生吧！」在海冰把船壓成碎片之前，大家幸運的逃了出來。

探險隊員靠著救生艇在浮冰上又撐了 5 個月。後來，浮冰漂流到茫茫大海中。

分坐在三艘救生艇上的探

留在象島的探險隊員向沙克頓揮手道別。

險隊員後來划到無人的象島登陸。 他們設置好營地， 盤算該怎麼逃離險境。

艱辛的求援

沙克頓知道南喬治亞島上有一個捕鯨站， 於是他和另外 5 個人乘著 6 公尺長的小救生艇出發求救。

他們在布滿浮冰的海面上划船前進， 沿途要對抗冰冷的狂風、 巨浪和暴風雨； 他們甚至還遇到颶風， 受到 15 公尺高浪的無情攻擊。

他們使用羅盤和**六分儀**導航， 但經常因為狂暴的風雨和海浪而看不清方向。

最後他們終於看到南喬治

水手會在夜晚用**六分儀**導航。 這種儀器可以測出星星和月亮之間的距離和角度， 以此推算出船隻的所在位置。

亞島了，但是艱鉅的旅程還沒有結束，一座巨大的冰山擋在中間，他們還得翻山越嶺跋涉35公里！

沙克頓和隊員在又冰又滑的山坡上跌跌撞撞的前進，最後總算到達捕鯨站。救援船終於開往象島，沙克頓和探險隊員全部獲救生還。

沙克頓和隊員只花了17天就航行了1300公里遠，並且找到南喬治亞島，真是不可思議！這趟南極之旅雖然驚險萬分，幸好最後他們全部安全返航。

南極條約

後來陸續有人前往南極探

探險隊員在象島待了4個月，才終於獲救。

險，也有很多人到南極進行研究。到了 1950 年代，總共有 12 個國家在南極地區設立研究站。

這些國家在 1959 年簽訂**南極條約**，之後有許多國家也加入簽署。這些簽署國都同意，南極不屬於任何國家，在南極地區只能進行和平的科學研究。條約中禁止任何國家在南極進行軍事武器試驗，也不可以在南極開採石油或其他天然資源。

所有簽署國都承諾會共同合作、分享研究成果。現在南極有很多研究站，世界各國的科學家聚在一起，研究這個不可思議的冰雪世界。

條約中還規定狗不能進入南極！因為狗可能會傳播疾病給南極當地的野生動物。

伊里布斯山

　　你能夠想像一座不斷噴出熔岩炸彈的火山，同時擁有許多美麗的冰穴和高高低低的冰塔嗎？世界上真的有這樣的火山，就在南極的羅斯島，叫做「伊里布斯山」。

　　會形成這樣奇幻的景觀，是因為火山冒出來的熱氣融化了覆蓋在山坡上的冰雪而形成冰穴；從地殼裂縫的噴氣孔噴出來的水蒸氣則凍成冰塔，可以高達 18 公尺。

　　伊里布斯山的火山口有個熔岩堰塞湖。這座活火山每

天噴發好幾次，噴出的熔岩落在冰凍的地面然後爆裂，就好像炸彈一樣，有些熔岩炸彈甚至有 3 公尺寬。

伊里布斯山的冰穴裡，溫度大約維持在攝氏零度，在南極算是很暖和了。如果你有機會到那裡參觀，記得要小心躲開熔岩炸彈！

6

今日的南極

　　大多數的觀光客、科學家和研究人員都在十月到三月拜訪南極，因為這時候是南極的夏天，氣候比較溫暖。

　　每年夏天大約有三萬名觀光客搭船前往南極，由專業人員導覽。南極沒有旅館、更沒有大飯店，遊客必須住在船上。

別忘了帶護目鏡！

長袖內衣褲

護目鏡可以隔離強風和刺眼的陽光。

為了保護南極的自然環境和野生動物，每次只能有一百位遊客上岸。遊客可以看

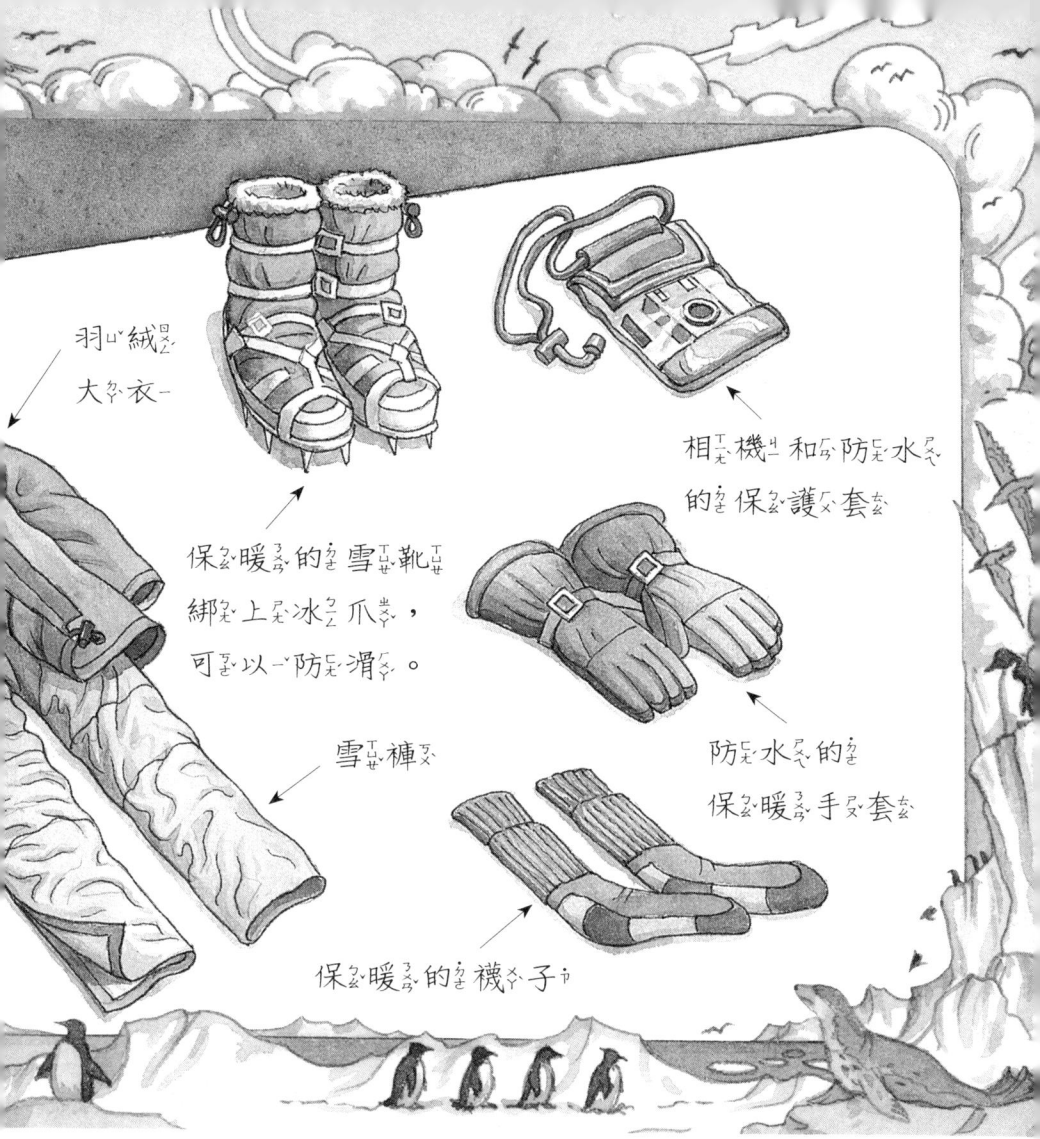

羽⼭絨ㄖㄨㄥˊ
⼤ㄉㄚˋ衣ㄧ

相ㄒㄧㄤ機ㄐㄧ和ㄏㄜˊ防ㄈㄤˊ⽔ㄕㄨㄟˇ
的ㄉㄜ˙保ㄅㄠˇ護ㄏㄨˋ套ㄊㄠˋ

保ㄅㄠˇ暖ㄋㄨㄢˇ的ㄉㄜ˙雪ㄒㄩㄝˇ靴ㄒㄩㄝ
綁ㄅㄤˇ上ㄕㄤ冰ㄅㄧㄥ⽖ㄓㄨㄚˇ，
可ㄎㄜˇ以ㄧˇ防ㄈㄤˊ滑ㄏㄨㄚˊ。

雪ㄒㄩㄝˇ褲ㄎㄨˋ

防ㄈㄤˊ⽔ㄕㄨㄟˇ的ㄉㄜ˙
保ㄅㄠˇ暖ㄋㄨㄢˇ⼿ㄕㄡˇ套ㄊㄠˋ

保ㄅㄠˇ暖ㄋㄨㄢˇ的ㄉㄜ˙襪ㄨㄚˋ⼦ㄗ˙

到ㄉㄠˋ南ㄋㄢˊ極ㄐㄧˊ洲ㄓㄡ邊ㄅㄧㄢ緣ㄩㄢˊ的ㄉㄜ˙巨ㄐㄩˋ⼤ㄉㄚˋ冰ㄅㄧㄥ崖ㄧㄞˊ、
冰ㄅㄧㄥ⼭ㄕㄢ和ㄏㄜˊ冰ㄅㄧㄥ河ㄏㄜˊ，還ㄏㄞˊ有ㄧㄡˇ數ㄕㄨˇ不ㄅㄨˋ清ㄑㄧㄥ的ㄉㄜ˙
鳥ㄋㄧㄠˇ類ㄌㄟˋ和ㄏㄜˊ野ㄧㄝˇ⽣ㄕㄥ動ㄉㄨㄥˋ物ㄨˋ。

遊客還可以參觀史考特和
沙克頓待過的探險小屋。
　　到南極參觀，更可以呼吸
到全世界最乾淨的空氣！

沙克頓的探險小屋裡依然堆
滿當時帶來的補給品。

每ㄇㄟˇ年ㄋㄧㄢˊ大ㄉㄚˋ約ㄩㄝ有ㄧㄡˇ 1000 名ㄇㄧㄥˊ研ㄧㄢˊ究ㄐㄧㄡˋ人ㄖㄣˊ員ㄩㄢˊ會ㄏㄨㄟˋ在ㄗㄞˋ南ㄋㄢˊ極ㄐㄧˊ的ㄉㄜ˙研ㄧㄢˊ究ㄐㄧㄡˋ站ㄓㄢˋ度ㄉㄨˋ過ㄍㄨㄛˋ冬ㄉㄨㄥ季ㄐㄧˋ。

科ㄎㄜ學ㄒㄩㄝˊ研ㄧㄢˊ究ㄐㄧㄡˋ

夏ㄒㄧㄚˋ天ㄊㄧㄢ來ㄌㄞˊ臨ㄌㄧㄣˊ時ㄕˊ，大ㄉㄚˋ約ㄩㄝ有ㄧㄡˇ 5000 名ㄇㄧㄥˊ世ㄕˋ界ㄐㄧㄝˋ各ㄍㄜˋ國ㄍㄨㄛˊ的ㄉㄜ˙科ㄎㄜ學ㄒㄩㄝˊ家ㄐㄧㄚ和ㄏㄢˋ研ㄧㄢˊ究ㄐㄧㄡˋ人ㄖㄣˊ員ㄩㄢˊ來ㄌㄞˊ到ㄉㄠˋ南ㄋㄢˊ極ㄐㄧˊ。他ㄊㄚ們ㄇㄣ˙住ㄓㄨˋ在ㄗㄞˋ研ㄧㄢˊ究ㄐㄧㄡˋ站ㄓㄢˋ或ㄏㄨㄛˋ是ㄕˋ帳ㄓㄤˋ篷ㄆㄥˊ裡ㄌㄧˇ，大ㄉㄚˋ多ㄉㄨㄛ只ㄓˇ會ㄏㄨㄟˋ待ㄉㄞˋ到ㄉㄠˋ夏ㄒㄧㄚˋ天ㄊㄧㄢ結ㄐㄧㄝˊ束ㄕㄨˋ。

南ㄋㄢˊ極ㄐㄧˊ的ㄉㄜ˙部ㄅㄨˋ分ㄈㄣ研ㄧㄢˊ究ㄐㄧㄡˋ站ㄓㄢˋ蓋ㄍㄞˋ在ㄗㄞˋ地ㄉㄧˋ底ㄉㄧˇ下ㄒㄧㄚˋ。

南極是研究人員的聖地，可以研究氣候變遷、動物、海洋、太空或是南極大陸本身，有太多事情可以做了！舉例來說，透過研究冰層，科學家可以推測地球幾百萬年來的氣候變化。南極冬天終日漆黑的天空，更是適合觀測太空。

冰上的生活

目前有31個國家在南極設立研究站。運送補給物資的飛機必須降落在雪地，而不是水泥跑道上，因此是用雪橇著陸而不是輪胎。

研究站通常有幾棟不同的建築物，包括研究用的實驗

室、臥室、圖書館、餐廳和廚房。人們騎乘雪地摩托車或滑雪橇往來各個建築物。

研究站有很嚴格的規定，任何人都不准隨地亂丟垃圾或其他物品。不過，研究站的生活不是只有工作而已，有時候研究人員也會舉辦宴會，一起享用美食。不論男女在那裡都有休閒活動，像是聽音樂、藝術創作、滑雪或閱讀，有些研究站還有樂團呢！

在寒冷的環境裡，必須吃很多食物來讓身體有足夠的能量保持溫暖。

冰上露營

科學家也會在遠離研究站的地方做研究，他們搭乘裝載著補給品的小型飛機到野

97

外，有時候必須在雪地裡露營兩、三個月，這樣的研究工作十分危險。

冰層的裂縫

在極地特殊的氣候和環境裡，有時會出現**南極蒼茫**的現象：空中和地面就好像完全被大雪籠罩，放眼望去都是白茫茫的一片，讓人完全失去距離和方向感。

此外，在南極還要特別留意冰層的裂縫。有些裂縫深達 30 公尺，表面往往有冰雪覆蓋，很難察覺，一旦掉進去可能就再也爬不出來了。

科學家在南極的研究可以說永無止境，因為這裡是地球上少數僅存的廣大荒野，

生命與死亡相隔只在一線之間，幾乎與世隔絕、從未受到人為干擾。儘管狂風在冰原上不停呼嘯，成千上萬的鳥類仍然以這裡為家；這裡的夜空有無數的星辰閃爍，海洋裡還有巨大的鯨用撼天動地的歌聲召喚彼此。每一年，也都有數以萬計的企鵝寶寶等待破殼而出！

進一步的研究

關於企鵝和南極大陸，還有更多有趣的知識等著你去研究。做研究的樂趣，就是可以考驗一下自己，能夠從哪些不同的資料來源，挖掘出意想不到的知識。

接下來提供一些方法，可以幫助你進行企鵝和南極的研究。

書籍

在大多數圖書館和書店，都可以找到許多有關企鵝和南極的書籍。

當你找到一本對研究有幫助的書，請記得以下幾點：

1. 不必把整本書都讀完。

    先看看目錄和索引，找出感興趣的主題。

2. 把書名抄下來。

    做筆記時，要確認是否把書名抄在筆記本上，這樣下次想參考時，才能再找到同一本書。

3. 千萬不要完全照抄書上的內容。

當你從書上學習到新知識時，請試著用自己的話表達出來。

4. 確認參考書籍的真實性。

有些關於企鵝和南極的書籍是虛構的故事，這類虛構的故事稱為**小說**。小說類的書籍讀起來非常生動有趣，但是並不適合拿來做研究。

對研究有幫助的書籍，最好是描述確切的事實與真實的事件，而不要有虛構的情節，這類書籍稱為**知識讀本**。

圖書館員或老師可以幫助你分辨參考書籍是小說，還是知識讀本。

這裡列出幾本有關企鵝和南極的中文書籍：

- 《我的動物寶貝 3 ： 企鵝》，增井光子著，陳昭蓉譯（小天下）。

- 《企鵝寶貝 —— 南極的旅程》，呂克・賈蓋、尚若瑟・朱羅特著，殷麗君譯（格林文化）。

- 《南極冰原上的帝王企鵝》，內山晟著，鄭如峰譯（臺灣麥克）。

- 《南極勇者 —— 羅伯史考特》，郝廣才著，羅伯英潘繪（格林文化）。

- 《太平洋之王 —— 庫克船長》，林良著，羅伯英潘繪（格林文化）。

- 《零下任務：臺灣科學界第一次南極長征》，國立海洋生物博物館著（時報出版）。

- 《南極北極篇：科學常識漫畫》，風車編輯群著（風車）。

- 《冰海奇航：東南極紀行》，張隆盛著／攝影（秋雨文化）。

以及幾本英文書籍：

- *Antarctica* by Helen Cowcher
- *Antarctica* by Allan Fowler
- *March of the Penguins* by Luc Jacquet
- *Penguins!* National Geographic Kids series, by Anne Schrieber
- *Penguins* by Seymour Simon
- *These Birds Can't fly* by Allan Fowler

動物園與水族館

許多動物園和水族館都養了企鵝，這些地方可以幫助你認識生活在南極的動物，以及南極的環境。

當你到動物園或水族館參觀時，要記得以下幾件事：

1. 一定要帶著筆記本！

   把你感興趣的每件事物都記下來，也可以用畫的。

2. 多發問。

   動物園或水族館一般都有導覽人員，可以幫你找尋你想找的東西。

3. 記得看一看動物園或水族館的活動行事曆。

許多動物園和水族館都有專門為兒童設計的特展或活動。

位於屏東縣車城鄉的國立海洋生物博物館，世界水域展館中的極地水域展區裡有多種企鵝，而且每天都有企鵝餵食解說活動。此外，極地水域展區裡還有北極、南極、極光和其他極地動物等相關展示。

臺北市立動物園的溫帶動物區設有企鵝館，展示國王企鵝和黑腳企鵝；這兩種企鵝各有專屬的房間和水池，每天上午和下午都有餵食活動可以參觀。

110

以下列出幾所國際知名的動物園和水族館，裡面有關於企鵝和極地的展覽，有機會可以前往參觀：

- 中央公園動物園，位於美國紐約市。

- 林肯公園動物園，位於美國芝加哥。

- 新英格蘭水族館，位於美國波士頓。

- 聖地牙哥動物園，位於美國聖地牙哥。

- 林地公園動物園，位於美國西雅圖。

- 愛丁堡動物園，位於英國愛丁堡。

- 旭川動物園，位於日本北海道旭川市。

影片

　市面上有一些關於企鵝和南極的知識影片。 找影片就像找參考書籍一樣， 請務必確認影片的真實性， 因為虛構的商業電影裡常參雜許多想像！

你可以在圖書館或是影片出租店， 找到下列關於企鵝和南極的知識影片：

- 「企鵝寶貝 —— 南極的旅程」 ， 三虹實業有限公司。

- 「與動物共舞1： 馬文與企鵝共舞」 ， 天空傳媒股份有限公司。

- 「NHK企鵝 ── 南極的國王」，音樂之橋股份有限公司。

- 「ＮＨＫ南極深度之旅（一）～（四）」，沙鷗國際多媒體股份有限公司。

- 「南極洲：雪白沙漠之旅」，采昌國際多媒體股份有限公司。

- 「地球脈動搶救南極 ── 430天探險」，新動國際多媒體有限公司。

網站

　　許多網站提供了大量關於企鵝和南極的知識，有的網站甚至還有小遊戲，讓你的學習過程更有樂趣！

這裡列出一些介紹企鵝和南極的網站，你也可以請老師或爸媽幫忙查詢，找出更多相關的優質網站：

- 臺北市立動物園企鵝館：
http://www.zoo.gov.tw/exhibit/penguin/penguin.shtml

- 國立海洋生物博物館極地水域：
http://www.nmmba.gov.tw/introduce/WorldArea/WorldArea04

- 中國科普博覽南極館：
  http://www.kepu.net.cn/gb/earth/
  antarctica/
- 純美南極：
  http://penguin.go2c.info/
- 中央大學地球科學遠距教學系統「南極及上方大氣」單元：
  http://140.115.123.30/earth/south/
  south1.html

以下提供的是英文網站：

- 美國國家地理學會網站
  「動物：帝王企鵝」單
  元：

  http://animals.nationalgeographic.com/
  animals/birds/emperor-penguin.html

- 美國國家地理學會兒童網
  站「動物與寵物：帝王企
  鵝」單元：

  http://kids.nationalgeographic.com/
  kids/animals/creaturefeature/emperor-
  penguin

- 線上學習天堂「動物：企
  鵝」單元：

  http://learninghaven.com/science/
  articles/penguins.htm

- 生活科學網站「企鵝」單元：

  http://www.livescience.com/topics/penguins

- 美國國家地理學會網站「南極」單元：

  http://www.nationalgeographic.com/sealab/antarctica/place.html

- 美國公共廣播服務網站「地球的盡頭——南極」單元：

  http://www.pbs.org/wnet/nature/antarctica

- 魔法學習網站「冰封的大陸——南極」單元：

  http://enchantedlearning.com/school/Antarctica

索引 ㄙㄨㄛˇ ㄧㄣˇ

圖ㄊㄨˊ片ㄆㄧㄢˋ來ㄌㄞˊ源ㄩㄢˊ

MAGIC TREE HOUSE 神奇樹屋

大西洋（ATLANTIC OCEAN）
1912年4月14日深夜，英國豪華郵輪鐵達尼號展開橫渡大西洋的首航之旅，目的地是美國紐約。

北極（ARCTIC）
北極凍原是一處沒有樹木的平原，在黑暗的冬天，它覆蓋著冰和雪。

堪薩斯州（KANSAS）
在空曠的草原上，龍捲風是很常見的。小心啊！

北美洲大草原（PRAIRIES）
在20世紀以前，這片遼闊的草原幾乎占了美國土地五分之一的面積。

德拉瓦河（DELAWARE RIVER）
渡過德拉瓦河後，華盛頓將軍率領部下走了14.5公里，突襲英軍的兵營。

蒙大拿州（MONTANA）
三角龍存在於白堊紀晚期，這種草食性恐龍重達5,400公斤以上！

北美洲 NORTH AMERICA

維吉尼亞州（VIRGINIA）
西元1800年代，美國因為奴隸制度分成兩派，因而導致了南北戰爭。

舊金山（SAN FRANCISCO）
1906年，舊金山是美國西岸最大的城市，住了約50萬人。

太平洋（PACIFIC OCEAN）
珊瑚礁是海洋學家研究的重要領域，你知道太平洋裡的珊瑚礁上住著哪些生物嗎？

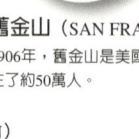

南美洲 SOUTH AMERICA

加勒比海（CARIBBEAN SEA）
海盜經常在加勒比海上搶劫西班牙的寶藏船。

新墨西哥州和德州（NEW MEXICO AND TEXAS）
響尾蛇淺灘鎮是驛馬車的休息站，當河水乾涸之後，所有人都離開了，這個鎮就變成一座鬼城。

月球（MOON）
月球上的1天等於地球過了28天，不錯吧，這就是到外太空的好處！

亞馬孫河流域（AMAZON）
亞馬孫河全長超過6,400公里，從祕魯一路流進大西洋去。

和傑克、安妮一起時空大冒險！

你想要和傑克與安妮到世界上的哪個地方去旅行？

讀一讀下面的地圖，讓樹屋帶著你到那兒去遊歷吧！

如果你還沒有嚐過樹屋的神奇魔力，那麼，可有一大堆刺激的新鮮事等著你唷！

愛爾蘭（IRELAND）
勇敢無畏的愛爾蘭修道士，讓西方文明度過了黑暗時代。

英國（ENGLAND）
中世紀的歐洲，絕大多數的土地都是屬於國王的。

法國（FRANCE）
冰河時期的歐洲，出現了最早的現代人類克羅馬儂人，他們多半居住在岩壁下的洞窟中。

歐洲 EUROPE

希臘（GREECE）
第一屆現代奧運會是在1896年的希臘雅典舉行的。就讓比賽開始吧！

亞洲 ASIA

印度（INDIA）
印度被稱為「老虎王國」。一頭野生老虎，每年要吃掉約2,300公斤的新鮮生肉，牠們還真餓啊！

日本（JAPAN）
最高機密：忍者經常在隱密的洞穴裡，悄悄計畫著祕密任務。

龐貝城（POMPEII）
濱海的龐貝城，是個典型的羅馬城市，許多羅馬人到這裡度假。

非洲 AFRICA

中國（CHINA）
中國的萬里長城是世界上最長的建築物。

大洋洲 OCEANIA

肯亞（KENYA）
東非草原動物大遷徙，是非洲最壯觀的景象。

埃及（EGYPT）
金字塔有時又稱為「死者之屋」，裡面暗藏了許多不為人知的密室。恐怖啊！

澳大利亞（AUSTRALIA）
澳大利亞是大洋洲最大的國家。

歡迎進入神奇樹屋的世界!

國家圖書館出版品預行編目（CIP）資料

企鵝與南極／瑪麗‧波‧奧斯本（Mary Pope Osborne），
娜塔莉‧波‧博以斯（Natalie Pope Boyce）文；
薩爾‧莫多卡（Sal Murdocca）、吳健豐圖；劉藍玉譯.
-- 第一版. -- 臺北市：遠見天下文化，2014.05
　　面；　　公分. --（神奇樹屋小百科；17）（工具書館；117）
注音版
譯自：Penguins and Antarctica
（MAGIC TREE HOUSE FACT TRACKER series, BOOK#18）
ISBN　978-986-320-451-0（平裝）
　1.企鵝　2.通俗作品

388.898　　　　　　　　　　　　　　　　　103007025

典藏小天下叢書的5種方法

1. 網路訂購

歡迎全球讀者上網訂購，最快速、方便、安全的選擇
小天下書坊http://www.gkids.com.tw

2. 請至鄰近各大書局選購

3. 團體訂購，另享優惠

請洽讀者服務專線（02）2662-0012 或（02）2517-3688分機928
單次訂購超過新台幣一萬元，台北市享有專人送書服務。

4. 加入「天下遠見讀書俱樂部」

到專屬網站選書http://www.gkids.com.tw

5. 親至遠見‧天下文化事業群專屬書店「93巷人文空間」選購

地址：台北市松江路93巷2號1樓　　電話：（02）2509-5085　轉753、754

小天下
2002年10月創立

神奇樹屋小百科⑰ 企鵝與南極

作　　者	瑪麗‧波‧奧斯本（Mary Pope Osborne）、 娜塔莉‧波‧博以斯（Natalie Pope Boyce）
繪　　圖	薩爾‧莫多卡（Sal Murdocca）、吳健豐
譯　　者	劉藍玉
責任編輯	黃雅蕾
封面設計暨美術編輯	吳慧妮（特約）
小天下總編輯	李　黨

出 版 者	遠見天下文化出版股份有限公司
創 辦 人	高希均、王力行
遠見‧天下文化‧事業群 董事長	高希均
事業群發行人／CEO	王力行
出版事業部總編輯	許耀雲
版權部經理	張紫蘭
法律顧問	理律法律事務所陳長文律師
著作權顧問	魏啟翔律師
社 址	台北市104松江路93巷1號
讀者服務專線	（02）2662-0012
傳 真	（02）2662-0007；（02）2662-0009
電子信箱	gkids@cwgv.com.tw
直接郵撥帳號	1326703-6號　遠見天下文化出版股份有限公司

製 版 廠	東豪印刷事業有限公司
印 刷 廠	盈昌印刷有限公司
裝 訂 廠	政春裝訂實業有限公司
登 記 證	局版台業字第2517號
總 經 銷	大和書報圖書有限公司　電話（02）8990-2588
出版日期	2014年5月13日第一版第1次印行

定價／180元
原著書名／MAGIC TREE HOUSE® FACT TRACKER series——
　　　　　Book #18: *Penguins and Antarctica*
Text copyright © 2008 by Mary Pope Osborne and Natalie Pope Boyce
Illustrations copyright © 2008 by Sal Murdocca
Complex Chinese Edition Copyright © 2014 by Global Kids Books,
a member of Commonwealth Publishing Group
This translation published by arrangement with Random House Children's Books,
a division of Random House, Inc. through Bardon-Chinese Media Agency
Magic Tree House® is a registered trademark of Mary Pope Osborne, used under license.
The MAGIC TREE HOUSE® FACT TRACKER series was formerly known as
the Magic Tree House® Research Guide Series.
ALL RIGHTS RESERVED

ISBN：978-986-320-451-0（平裝）
書　號：BKR117

小天下網址　http://www.gkids.com.tw
※本書如有缺頁、破損、裝訂錯誤，請寄回本公司調換。

小天下
Global Kids